GRAPHITE DE SIBÉRIE

CORRESPONDANCE

ENTRE

M. FABER ET M. ALIBERT

1872-1873

CORRESPONDANCE

ENTRE

M. FABER et M. ALIBERT

1872-1873

Le 26 septembre 1872, **M.** Alibert a adressé à M. Faber la lettre suivante :

Paris, le 26 septembre 1872.

Monsieur A. W. FABER,

à STEIN, près Nuremberg.

Je me trouve dans une position si délicate, que je me vois forcé de vous en écrire.

Il est question pour moi, depuis plus d'un an, d'un mariage qui m'allierait à une famille des plus respectables et dont une inclination mutuelle et toutes les convenances réunies me font désirer vivement la conclusion.

Mais je n'ose rien terminer avant que ma position avec vous soit complétement régularisée.

Comme vous me l'avez dit à propos de M. votre fils, je ne veux ni ne puis léguer à mes héritiers une succession susceptible de procès.

Je n'ai songé à ce mariage que du jour où vous avez arrêté vous-même nos conditions d'arrangement en me disant : « Vous verrez que vous allez bientôt vous marier. »

Devant une attente dont on ne saurait prévoir le terme, la famille me met en demeure de prendre un parti définitif.

Nous sommes d'accord depuis longtemps sur les bases du traité, je ne vois donc que M. Zanadvoroff qui puisse y faire obstacle.

Or, je viens de recevoir une lettre de Saint-Pétersbourg, qui m'apprend que M. Zanadvoroff habite maintenant près de Casan, à Titiouchin, où il s'est retiré dans une terre appartenant à cette ville et qu'il a prise à bail pour 99 ans, et où il s'occupe, me dit-on, de grandes cultures et pas d'affaires.

Vous comprenez dès lors le motif de son silence à votre lettre, silence qui peut durer indéfiniment.

Vous avez entre les mains le projet de traité que je vous ai remis en 1869.

Ajoutez-y ce que vous jugerez nécessaire, et s'il en est besoin, j'irai à Stein pour le signer.

J'attends donc de vous une lettre décisive que je puisse montrer à la famille de la jeune personne.

Recevez, Monsieur, mes bien sincères et cordiales salutations.

J.-P. ALIBERT.

Le 15 octobre 1872, M. Faber a répondu :

Stein, près Nuremberg, le 15 octobre 1872.

Monsieur J.-P. ALIBERT,

à PARIS.

De retour d'un voyage de quelques semaines, je trouve votre honorée du 26 du mois passé par laquelle vous me communiquez votre intention de vous marier.

Vous exprimez le désir d'arrêter avant votre mariage un nouvel arrangement dont nous avons parlé déjà plusieurs fois. Je suis tout prêt à faire un nouvel arrangement avec vous si M. Zanadvoroff accepte l'offre que je lui ai faite dans le temps par M. Pierre de Évréinoff et que je lui ai répétée dans ma lettre du 27 mars passé.

Sans que M. Zanadvoroff consente de me vendre son graphite pour la somme offerte, il m'est impossible de faire un nouvel arrangement avec vous.

Si vous le désirez, j'écrirai de nouveau à M. Zanadvoroff, ne doutant pas qu'il recevra ma lettre malgré qu'il habite maintenant près de Casan.

Agréez, Monsieur, mes bien sincères salutations.

A.-W. FABER.

Le 22 octobre 1872, M. Alibert a écrit :

Paris, le 22 octobre 1872.

Monsieur A. W. FABER,

à STEIN, près Nuremberg.

La position délicate dans laquelle vous m'avez placé, et que je vous ai exposée dans ma lettre du 26 septembre dernier, devient de plus en plus pénible.

Votre lettre du 15 octobre donnerait à supposer que je ne pouvais compter sur la signature de notre nouveau traité que sous la condition que M. Zanadvoroff accepterait vos arrangements définitifs.

Obligé de me justifier vis-à-vis la famille à qui j'ai exposé les faits tels qu'ils existaient, je me vois forcé de vous écrire de nouveau pour démontrer à cette famille et à vous que vous m'avez autorisé à agir comme je l'ai fait.

Vos immenses occupations vous ont, sans doute, fait oublier quelques-uns des faits que je viens vous rappeler.

Moi qui n'ai qu'une seule affaire, celle dont j'ai l'honneur de vous entretenir m'a fait passer tant de nuits blanches que les moindres détails en sont profondément gravés dans ma mémoire.

En 1868, un jour que nous déjeunions à Paris, seuls avec
M. Richter, en me parlant d'une pensée qui, me disiez-vous,
vous préoccupait beaucoup, vous ajoutâtes :

« M. Richter assure que vous êtes le meilleur homme du monde;
» mais qui sait comment seront vos héritiers? Je ne voudrais pas laisser
» à mon fils une charge qui pourrait lui occasionner des désagréments.
» Je crois que nous ferons mieux de régler complétement cette affaire,
» pour que la Maison n'ait aucun rapport avec vos héritiers. »

Préoccupé moi-même d'une pensée analogue à l'égard de
ma famille, je m'empressai d'accepter votre offre.

Veuillez vous rappeler vos affectueux épanchements, alors
que vous m'exprimâtes « combien il serait satisfaisant pour
» vous comme pour moi, après tant de soucis, de nous revoir
» à Stein sans aucune arrière-pensée. »

Quant à M. Zanadvoroff, il n'en fut nullement question.

Vous ne me parlâtes que d'un arrangement définitif entre
vous et moi.

L'année suivante, au mois d'août 1869, le chargé d'affaires
de M. Zanadvoroff, M. Pierre de Évréinoff, qui se trouvait à
Paris en même temps que vous, vous fit l'offre de terminer
tous les comptes avec votre Maison par la vente absolue du
graphite.

A la même époque, d'accord avec vous, je rédigeai le
projet de traité que nous devions signer vous et moi.

Vous en prîtes connaissance dans votre bureau.

Comme je demandai une rente de 15,000 francs, et que
vous ne m'aviez offert jusque-là qu'une rente de 12,000 francs,
vous me dites, en présence de M. Richter :

« Je parlerai de ceci avec ma famille; maintenant j'ai votre parole,
» je pars demain pour la fabrique, et, deux jours après mon arrivée à
» Stein, je vous écrirai une lettre qui vous fixera sur ma décision. »

Par une lettre, en date du 10 novembre de la même

année, M. Évréinoff vous fit savoir que M. Zanadvoroff n'acceptait pas les 100,000 francs que vous lui aviez offerts et qu'il en demandait 250,000.

Vous êtes revenu à Paris en janvier 1870, et je vous ai rencontré sur le boulevard Saint-Denis.

En m'apprenant que vous aviez apporté avec vous tous les papiers concernant le graphite, vous m'avez dit :

« Il faut qu'à ce voyage cette affaire se termine. Laissez-moi finir
» avec les commis-voyageurs qui en ce moment m'occupent beaucoup, et
» dès qu'il me sera possible je vous préviendrai. »

Ces paroles si nettes et si affirmatives de votre part ne pouvaient me laisser aucun doute.

En effet, vous connaissiez les intentions de M. Zanadvoroff, et vous aviez dû conférer de notre traité avec votre famille.

Enfin, ce ne fut que trois semaines après que vous me donnâtes un rendez-vous par un billet.

Pendant le laps de temps qui s'écoula entre le jour où vous m'exprimâtes votre intention formelle de *terminer l'affaire* et ce rendez-vous, aucun doute ne pouvait me venir à l'esprit que *tout ne fût terminé;* aussi en parlai-je sans réserve à mes amis.

Le rendez-vous que vous me donniez eut lieu dans votre cabinet, en présence de M. Richter.

Là, dans une conversation tout-à-fait intime, vous m'interrogeâtes sur ce que, désormais libre, j'allais entreprendre pour m'occuper. Vous ajoutâtes même que je devrais devenir le propagateur des produits de votre fabrique dans les deux mondes, et voyager dans ce but.

Nous passâmes ensuite à la question du traité.

Un court et seul débat s'engagea sur le chiffre de la rente qui devait être, selon vous, de 12,000 francs; selon moi, de 15,000 francs.

Enfin, cédant à mes instances, vous me tendîtes la main en me disant :

« Vous voulez les 15,000 francs. Eh bien ! vous les aurez. »

Je vous soumis alors une copie du projet de traité que je vous avais remis en 1869.

Après l'avoir lu, vous me dites :

« Je ne signerai pas ce contrat, vous n'y faites pas mention de » M. Zanadvoroff. »

Je vous fis remarquer que, traitant seulement pour ce qui me concernait, je ne pouvais rien dire de M. Zanadvoroff.

Enfin, voyant votre parti pris, je vous demandai que, séance tenante, un écrit constatât au moins nos conventions relatives à ma rente de 15,000 francs.

Vous parûtes froissé et vous répondîtes :

« Vous n'avez besoin d'aucun écrit de ma part ; je viendrais à mou- » rir qu'il suffirait que M. Richter, présent à notre entretien, dît à mon fils » que j'ai fait cet arrangement avec vous pour que mon fils tînt à hon- » neur de remplir la parole de son père. »

Devant de telles paroles je ne pouvais insister ; je n'insistai donc pas.

En présence des conventions préalablement arrêtées entre nous et de la rente de 15,000 francs si solennellement accordée, je conservai l'espoir qu'à votre prochain voyage l'affaire pourrait se terminer.

A votre retour à Paris, en novembre 1871, lorsque vous me fîtes l'honneur d'une visite, je m'empressai de vous questionner sur l'affaire Zanadvoroff.

Vous m'arrêtâtes tout court en me disant : « Nous parlerons » de cela plus tard. »

Par un sentiment de délicatesse, je crus devoir ne pas insister. — J'étais chez moi.

Peu de jours après, chez vous, vous m'apprîtes que vos affaires vous rappelaient à Stein et que vous deviez partir le lendemain matin à huit heures.

Vous ajoutâtes que vous aviez dans votre poche les papiers concernant le graphite, mais qu'il ne vous était plus possible de m'en entretenir.

Vous me dîtes même, comme en m'adressant un reproche, que j'aurais dû vous demander plus tôt un rendez-vous.

Je me trouvais donc de nouveau réduit à attendre, mais je ne gardais point et ne pouvais garder aucun doute sur la conclusion certaine de l'affaire.

En effet, je le répète, vous aviez, cette fois encore, apporté les contrats; vous saviez à quoi vous en tenir sur les intentions de M. Zanadvoroff, qui ne les avait pas modifiées, et enfin j'avais votre parole pour le chiffre de la rente.

Voilà ce que je répétai à la famille devant laquelle je me trouve maintenant dans une position si difficile.

Quatre mois après, dans votre lettre du 27 mars 1872, vous exprimiez encore votre *sincère* intention d'en finir.

Seulement, au lieu de la rente de 15,000 francs convenue, vous n'y parliez plus que d'une rente de 12,000 francs et vous me faisiez entrevoir qu'une concession de ma part à M. Zanadvoroff pourrait faciliter vos négociations avec lui.

Pour en finir à tout prix, je n'hésitai point à me rendre à votre désir. Je vous fis savoir que, s'il le fallait absolument, je renoncerais à la somme qui me revenait du paiement à faire à M. Zanadvoroff, mais à la condition expresse de recevoir la rente de 15,000 francs promise en 1870 devant M. Richter.

Vous ne m'écrivîtes pas à ce sujet, mais à votre arrivée à Paris, en juin 1872, en présence de M. Winkler, vous m'abordâtes par ces paroles :

« Vous avez fait la concession pour l'arrangement avec M. Zanad-
» voroff, vous aurez la rente de 15,000 francs que vous demandez. »

Naturellement, je m'attendais à voir le traité se conclure séance tenante.

Il n'en fut encore rien.

Votre lettre du 15 octobre m'apprend que vous ne voulez plus terminer avec moi avant la solution de l'affaire Zanadvoroff, solution que je n'ai aucun moyen d'amener.

Le temps et l'exemple de mon abnégation résignée pourront seuls changer son parti pris à cet égard.

Vous le voyez, Monsieur, vous détruisez mon présent et mon avenir sans qu'il résulte d'avantages pour vous.

Sûr de vos intentions nettement exprimées à diverses reprises, sachant que le nouvel arrangement était d'autant plus possible qu'il ne faisait que modifier certains points du contrat existant, et par conséquent convaincu de sa réalisation certaine, j'ai marché en avant et je n'ai point reculé, vous le savez, devant de nouveaux sacrifices pour augmenter la popularité du graphite.

Avec mon ardeur habituelle, j'ai été plus loin qu'il le fallait dans cette œuvre de propagande et, comptant sur une augmentation de revenus, j'ai obéré mon actif ; il me faut donc renoncer à toute sécurité et à un mariage réunissant toutes les convenances.

Telle est ma position.

Je ne puis penser qu'après avoir fait appel à vos souvenirs, à votre justice et vous avoir éclairé sur cette triste position, vous puissiez hésiter à me tendre la main pour en sortir.

Recevez, Monsieur, mes bien sincères salutations.

J.-P. ALIBERT.

Le 27 décembre 1872, M. Alibert a écrit de nouveau :

Paris, le 27 décembre 1872.

Monsieur A. W. Faber,

à Stein, près Nuremberg.

J'apprends à la fois, par votre Maison de Paris, que vous avez fait une longue absence de Stein et que vous venez d'y revenir.

Je vous ai adressé le 22 octobre une lettre dont la réponse doit dégager ma responsabilité envers la famille à laquelle je comptais m'unir.

Cette lettre ne vous est peut-être point parvenue.

Veuillez donc, je vous prie, me faire savoir si elle vous a été remise et si vous en avez pris connaissance.

Recevez, Monsieur, mes bien sincères salutations.

J.-P. ALIBERT.

Sans réponse à ses lettres du 22 octobre et du 27 décembre 1872, M. Alibert a adressé, le 14 janvier 1873, un télégramme à M. Faber, pour lui demander s'il avait reçu ces lettres.

M. Faber a répondu :

Stein, près Nuremberg, le 14 janvier 1872.

Monsieur J.-P. ALIBERT,

à PARIS.

J'ai bien reçu vos deux honorées du 22 octobre et du 27 décembre. En réponse à ces deux lettres, je ne puis vous dire que ce que je vous ai déjà écrit dans ma lettre du 15 octobre :

« Sans que M. Zanadvoroff consente de me vendre son » graphite pour la somme offerte, il m'est impossible de faire » un nouvel arrangement avec vous. »

Je regrette que M. Zanadvoroff n'ait pas accepté mon offre, car s'il avait accepté, j'aurais acheté tout le reste du graphite de Cumberland, qui consiste encore en 400 quintaux, et que j'aurais pu acquérir, d'après les dernières nouvelles de M. Rochussen, pour la somme de 40,000 francs, par conséquent beaucoup au-dessous du prix que j'ai offert à M. Zanadvoroff.

En faisant la remise au mois de mars à M. Zanadvoroff, je lui en ferai communication et lui répéterai mon offre.

Recevez, Monsieur, mes sincères salutations.

A. W. FABER.

Les lettres qu'on va lire terminent cette importante correspondance :

Paris, le 25 janvier 1873.

Monsieur A. W. FABER,

à STEIN, près Nuremberg.

Après trois mois de silence, et sur de nouvelles instances de ma part, j'ai enfin reçu une réponse, écrite tout entière de votre main, à ma lettre du 22 octobre 1872.

Ainsi, vous m'avez fait attendre pendant trois mois une réponse dont vous connaissiez l'importance extrême, puisque mon avenir et, plus encore, ma responsabilité devant une famille en dépendaient !

Vous m'obligez à renoncer à tous mes projets. Vous me donnez la triste conviction que je ne saurais jamais arriver avec vous à une solution définitive de nos affaires. Soit !

En présence d'une pareille situation, il ne me reste plus qu'un parti à prendre et je le prends.

Je viens donc vous notifier aujourd'hui mon intention formelle de n'admettre désormais aucun changement à notre position commerciale mutuelle.

Je vous en laisse toute la responsabilité pour le présent et pour l'avenir.

Maintenant, faisons la part de chacun :

Vous le savez mieux que personne, jusqu'ici ni la patience ni la résignation ne m'avaient fait défaut.

En 1865, la position critique où je me trouvais et la nécessité de remplir mes engagements contractés pour l'affaire du graphite, engagements que vous ne connaissiez que trop, m'ont forcé d'accepter le nouveau traité.

En 1868, ce fut vous le premier qui m'exprimâtes le désir de régler définitivement notre affaire.

J'y consentis, moins sensible aux avantages qui devaient, selon vous, en résulter pour moi, qu'à l'espoir d'éviter un procès entre nos héritiers.

En outre, je ne le cacherai pas, j'y voyais une sécurité qui pouvait me permettre de me marier, ainsi que vous me l'aviez vous-même conseillé.

Une fois en possession de mon consentement à vos propositions, vous en avez suspendu l'exécution tout-à-coup, sans tenir compte que vous détruisiez toutes les espérances d'établissement que vous m'aviez données vous-même.

Je ne vous le cacherai point encore, Monsieur : en m'offrant des modifications au traité de 1865, modifications que vous ne vouliez point réaliser, en me donnant des espérances dérisoires, en me plaçant dans une position plus que pénible devant une famille, vous m'avez plongé dans un découragement dont, j'en ai bien peur, rien ne me sortira.

C'est pour moi un grand malheur d'avoir cru sans réserve aux espérances que vous me donniez !

Qu'est donc devenue la réponse qu'en 1856 vous fîtes au gouverneur général de la Sibérie orientale, M. le comte Mourawieff Amourski, lorsque celui-ci, étonné de la grande valeur que vous donniez à mon graphite, vous demanda : « C'est donc une mine d'or qu'a trouvée M. Alibert ? — *Oui, car avec ce graphite nous ferons de l'or !* »

Si vous l'avez également oublié, je ne me souviens que

trop bien, moi, de l'entretien que nous eûmes à Paris, au mois d'août 1856, dans notre rendez-vous, au restaurant Maire, où nous arrêtâmes les bases de notre association.

Vous me communicâtes une lettre, datée de New-York, écrite par Monsieur votre frère, qui vous demandait, en une seule commande, de lui expédier *20,000 grosses de crayons* **fins.**

Puis vous ajoutâtes :

« Je n'ose faire le calcul du nombre immense de crayons que je » suis appelé à faire pour le monde entier.

» Il suffit que les premières *cinq mille grosses* de crayons de votre » graphite soient vendues et votre affaire sera faite. »

Plus tard, à Stein, le lendemain de la signature du premier traité, je vous parlai, en présence de Monsieur votre frère et de Madame Faber, des préoccupations qui m'avaient tenu éveillé et fiévreux pendant toute la nuit :

« Vous pouvez dormir tranquille, me dites-vous ; votre fortune dans » l'affaire du graphite est parfaitement assurée. »

Connaissant votre haute capacité, votre réputation d'honorabilité, votre longue expérience et votre compétence, sans rivale, en ce genre d'affaires, que pouvais-je faire, moi, complétement étranger à l'industrie des crayons, si ce n'est m'abandonner aveuglément et sans réserve à une conviction si enthousiaste ?

Aujourd'hui, après *vingt-cinq* années d'incertitudes, d'angoisses, d'efforts inouïs et heureux que j'ai faits pour populariser le graphite, — efforts qui ont tant servi à votre Maison ! — il me faut perdre le capital que j'ai engagé pour l'exploitation de ma mine, capital dont la modique pension viagère que vous m'avez marchandée pour la vente absolue du graphite ne représente même pas les intérêts.

D'autre part, vous ne pouvez contester que la supériorité du graphite de Sibérie et le prestige qui s'y rattache ne valent pas de féconds résultats à votre Maison. Depuis qu'elle a fait connaître au monde entier qu'elle possède le monopole de ce graphite, ses affaires n'ont-elles pas successivement doublé, triplé et quadruplé ?

Ce prestige ne cessera point de longtemps, puisque vous m'avez exprimé l'intention, notre traité terminé, d'augmenter plutôt que de diminuer le prix des crayons en graphite de Sibérie, afin de prolonger le plus longtemps possible la durée de ce que vous possédez de ce minerai.

Enfin, l'année dernière, vous m'exprimiez le regret de ne point avoir dans vos caves une réserve plus considérable du graphite sibérien, que, suivant vos propres expressions, vous craigniez de voir trop vite s'épuiser.

Votre dernière lettre ne m'apprend-elle pas encore que vous voulez accroître cette réserve de matières exceptionnelles par l'achat des restes du graphite du Cumberland ?

Peut-on démontrer d'une façon plus évidente que votre Maison trouve un double bénéfice, — et certes le dernier n'est pas le moindre, — à vendre le graphite de Sibérie et surtout à profiter de la renommée que je lui ai conquise ?

En voulez-vous, entre cent, une preuve incontestable ?

En 1864, à Paris, M. le baron Schwarz, alors consul général en France et, à l'heure qu'il est, Directeur de l'Exposition de Vienne, me raconta que, durant un voyage en Allemagne fait en 1863, il avait beaucoup entendu parler du monopole du graphite de Sibérie concédé à votre Maison.

« Ce graphite, ajouta-t-il, obtient un succès extraordi-
» naire, et la Maison Faber en fait des affaires considérables,
» surtout en Autriche. »

Et cependant, les règlements de comptes que vous m'avez remis, pour l'année 1863, — c'est-à-dire pour la septième année de l'exploitation du graphite de Sibérie par votre Maison, — donnent comme résultat de vente de crayons de mon graphite : *à Berlin, 3 grosses ; à Vienne, zéro !*

Je proteste de toutes mes forces contre la supposition que vous avez pu me présenter des résultats inexacts.

Il en résulte donc seulement pour moi la conviction que toute l'Allemagne, et surtout l'Autriche, en achetant des crayons en graphite ordinaire, croyaient alors et croient sans doute encore acheter des crayons en graphite de Sibérie.

Telle est, du reste, votre propre conviction sur le prestige que le graphite de Sibérie vaut à votre Maison; car, en 1865, après la signature du nouveau traité, vous dites :

« Si la vente des crayons en graphite de Sibérie ne marche pas, la » fabrique en profitera. »

Ainsi, travail, soucis, fortune, santé, tout se trouve perdu pour moi et ne profite qu'à votre Maison.

Je me demande avec angoisse à quel parti je m'arrêterai devant la situation que vous me faites.

Recevez, Monsieur, mes sincères salutations.

J.-P. ALIBERT.

A deux mois de là, le 24 mars 1873, M. Faber, en
envoyant à M. Alibert les comptes annuels des ventes, se
contente de répondre à la lettre qui précède, les quelques
phrases évasives que voici :

A propos de votre lettre du 25 février, je vous dirais seulement que cela ne peut pas m'être agréable que vous vous
faites continuellement des illusions sur la vente des crayons en
graphite de Sibérie et sur l'avantage que ces crayons me procurent pour la vente de mes autres sortes de crayons.

Les crayons en graphite de Sibérie ne peuvent jamais être
confondus avec mes autres sortes de crayons par la raison très-
simple que chaque crayon avec votre graphite est marqué :
« Graphite de Sibérie de la mine Alibert. »

Comme je l'ai dit du commencement, la vente de crayons
graphite de Sibérie augmente, elle a augmenté l'année passée,
elle augmentera également cette année-ci.

Aujourd'hui découragé, fatigué et convaincu de l'inutilité de ses efforts, M. Alibert, de guerre lasse, déclare qu'il se voit forcé à renoncer à toute nouvelle tentative de luttes contre le parti pris de M. Faber et d'essayer désormais de lui faire tenir compte de l'évidence de faits, toujours tournés sans être abordés.

Les lettres qui suivent se bornent donc à démontrer péremptoirement de quelle façon le graphite ordinaire a fait et fait son chemin aux dépens du graphite de Sibérie.

Paris, le 1er avril 1873.

Monsieur A. W. Faber,

à Stein, près Nuremberg.

J'ai dû faire mettre sur tous les trophées en graphite de Sibérie, placés dans divers magasins de Paris, une petite pancarte portant ces mots, en français, en anglais, en allemand et en russe :

« Pour se procurer des mines et des crayons en ce graphite, il est » indispensable de les demander avec la marque : Graphite-Alibert. »

En effet, la plupart du temps, quand on questionne les papetiers, ils répondent presque invariablement que tous les crayons de votre fabrique sont en graphite de Sibérie et qu'ils ne font que varier de qualité.

Ils parlent ainsi, soit par conviction, soit par spéculation.

Il en résulte que plusieurs personnes de ma connaissance ont acheté des crayons en graphite ordinaire en croyant acheter des crayons en vrai graphite de Sibérie.

Faubourg Saint-Honoré, n° 106, dans un magasin de papeterie, on m'a vendu, à moi-même, un crayon à mine mobile, hexagone, palissandre-or, en me disant qu'il ne portait pas la marque « Graphite-Alibert » parce qu'il était en graphite de Sibérie de second choix.

Pour ne pas froisser les autres détaillants, j'ai dû également mettre une de ces inscriptions sur les trophées de votre magasin, boulevard des Italiens.

Et à ce propos, plusieurs fois, j'ai pu remarquer que des personnes, après s'être arrêtées à regarder mes trophées, entraient dans le magasin et y achetaient des crayons à mine mobile riches, sans se douter qu'elles emportaient une espèce de minerai toute différente de l'espèce qu'elles croyaient acheter.

J'ai pu m'assurer encore qu'il ne se trouve que des mines ordinaires dans tous les crayons à mine mobile à monture de luxe et dans tous les portemines, sans excepter ceux qu'on a placés à l'étalage non loin de mes trophées, et parmi lesquels plusieurs valent 52 francs la pièce.

Il en est ainsi, vous le savez, à votre magasin de dépôt.

Dans l'un et l'autre de ces magasins, pour les crayons à mine mobile, — grosseur n° 2, — sans doute la substitution en graphite de Sibérie serait facile, lorsqu'un client la demanderait, mais pour les crayons à mine mobile d'autres dimensions et pour tous les portemines la chose n'est pas possible, puisqu'il n'en existe pas du calibre voulu.

Ne pensez-vous pas qu'il soit nécessaire de faire disparaître une cause d'erreur qu'assurément vous n'aviez point prévue?

Recevez, Monsieur, mes sincères salutations.

J.-P. ALIBERT.

Paris, le 29 avril 1873.

Monsieur A. W. Faber,

à Stein, près Nuremberg.

Vous n'avez point répondu à ma lettre du 1er avril, qui date déjà de plus de quatre semaines et qui, dans notre intérêt commun, demandait une prompte réponse.

De plus, je viens de relire votre lettre en date du 24 mars dernier.

Je ne saurais y laisser sans réponse cette phrase :

« Cela ne peut pas m'être agréable que vous vous faites
» continuellement des illusions sur la vente des crayons en
» graphite de Sibérie et sur l'avantage que ces crayons me
» procurent pour la vente de mes autres sortes de crayons.
» Les crayons en graphite de Sibérie ne peuvent jamais être
» confondus avec mes autres sortes de crayons, par la raison
» très-simple que chaque crayon avec votre graphite est mar-
» qué « Graphite de Sibérie de la mine Alibert. »

Comme moi, vous le savez bien, c'est là le seul fait qui semble militer en faveur de votre opinion, et encore n'est-il que spécieux.

Cent autres faits, au contraire, vous le savez encore, éta-blissent l'exactitude de mes allégations.

Cette fois-ci, je n'accepte point aveuglément ce que vous me dites.

Pourquoi n'en a-t-il pas toujours été ainsi ?

Pourquoi vous ai-je cru, lorsque vous m'avez mis en demeure, en 1859, de vous envoyer tout le graphite que j'avais à vous expédier, puisque vous en aviez déjà des approvisionnements suffisants pour fabriquer cent mille grosses de crayons, c'est-à-dire dix fois plus que vous n'en avez employé en quinze années.

Sans cette mise en demeure, j'eusse laissé en dépôt, à Batougol, la plus grande partie de mes approvisionnements.

Je n'aurais donc pas plus à payer aujourd'hui les intérêts de frais de port de ces approvisionnements que je n'ai à les payer pour les 48 caisses que vous m'avez reproché, même en 1872, d'avoir laissées à Irkoutsk.

Ces frais, avec les intérêts de quinze ans que vous avez fait cumuler, représentent une somme considérable.

Depuis deux ans, vous en prélevez le remboursement, malgré le paragraphe 9 du traité de 1856, confirmé par le paragraphe 5 du traité de 1865, qui vous dénie ce droit jusqu'à la vente accomplie de vingt-cinq mille grosses.

Pourquoi encore, lorsque vous avez renoncé au système de fabrication anglaise pour vous restreindre à votre fabrication à l'argile, ai-je cru à la vente « *considérable* » que vous promettiez au graphite de Sibérie traité par cette méthode?

Et comment, cependant, ne vous aurai-je pas cru, moi étranger à l'industrie des crayons, moi qui voyais un juge infaillible de l'affaire dans l'industriel qui avait fait d'une petite usine, à peine connue, la grande Maison de Stein?

Au lieu de l'immense succès que vous m'assuriez, qu'est-il arrivé ?

Une vente de *mille huit cent quatre-vingt-douze* grosses pendant les dix premières années.

Et, par votre lettre du 11 juin 1859, vous me promettiez, seulement pour la Russie, une vente de *deux mille* grosses par an !

Si vous m'eussiez exprimé le moindre doute sur la possibilité de ces ventes que vous me donniez comme si certaines, je n'eusse point tout sacrifié pour remplir mes engagements de livraison de graphite.

Car vous ne sauriez oublier au prix de quels sacrifices j'ai rempli ces engagements. Vous ne sauriez oublier surtout par quels scrupules, — excessifs, je le reconnais, — par quelle foi aveugle en vous j'ai échoué dans l'exploitation d'une mine d'or, à l'annonce de la perte de laquelle vous vous êtes contenté de répondre par quelques mots de consolations banales, sinon ironiques.

Notez-le bien ! je ne mets pas en doute votre réelle conviction à l'époque où vous envisagiez l'affaire sous un jour si favorable.

Vous n'avez changé d'idée et vous ne m'avez présenté les choses sous un autre point de vue que du jour où vous avez reconnu que vos produits en graphite ordinaire pouvaient prédominer dans la vente et s'en emparer presque exclusivement.

C'était le résultat, que vous n'aviez point prévu, de la renommée du graphite de Sibérie qui se reflétait sur le graphite ordinaire mis en œuvre par vous, et surtout de l'erreur à peu près générale du public, qui s'obstinait et qui s'obstine encore à confondre votre minerai avec le mien, sans soupçonner leur différence de valeur.

Vos lettres ont alors changé de ton et vous avez commencé à soulever la question des difficultés de la vente qui, selon vous, ne pouvait être forcée.

Voilà pourquoi, depuis dix-sept ans que date notre traité, votre Maison gagne des millions.

Voilà pourquoi, moi qui ai doté vos usines du graphite de Sibérie, moi, qui n'ai point cessé un instant de travailler à mes dépens et par tous les moyens possibles à notre œuvre commune, je gagne ce que vous savez.

Recevez, Monsieur, mes sincères salutations.

J.-P. ALIBERT.

Voici un fait nouveau, récemment découvert, qui démontre une fois de plus de quelle façon la Maison A. W. Faber exécute les engagements qu'elle a pris pour l'exploitation du graphite de Sibérie.

En 1865, une correspondance eut lieu, pendant une maladie de M. Alibert, entre M. Jouhet, son beau-frère, et M. Faber.

M. Jouhet écrivait à ce dernier :

« Le prestige et la supériorité des crayons en graphite de Sibérie
» semblent même avoir été employés à favoriser la vente des autres
» crayons. »

Et M. Faber répondit :

« Ces phrases renferment une assertion déshonorable pour moi
» contre laquelle il me faut protester comme homme d'honneur et de
» probité avec toute ma force morale. »

Or, maintenant, et depuis une époque que nous ne saurions préciser, la Maison A. W. Faber publie des prix courants qui diffèrent d'une façon essentielle de ses prix courants précédents, imprimés en 1859 en français, et en 1861 en allemand.

Ceux-ci disaient :

« Une quantité d'essais ont conduit nouvellement le fabricant à
» inventer une nouvelle méthode de mettre la mine dans le bois, qui est
» une amélioration de haute importance pour les dessinateurs et toutes
» les personnes qui se servent spécialement de crayons. C'est par rapport
» à ce point que **LE FABRICANT OSE FAIRE OBSERVER QUE,** sous le
» nom de NOUVEAUX CRAYONS A. W. FABER, A MINE MOBILE, ainsi qu'ils se
» trouvent dénommés et portés au catalogue, **ON DEVRA COMPRENDRE**
» **les nouveaux crayons en graphite de Sibérie pour lesquels on a**
» **adopté ce nouveau mode de mettre la mine dans le bois.** »

Ajoutons encore qu'à aucune époque, un prix courant

quelconque de la Maison A. W. Faber n'a mentionné que cette Maison fabriquait des crayons à mine mobile faits avec d'autre graphite que le graphite de Sibérie.

Les prix courants dont il s'agit, que nous donnons en *original* et dont le tirage le plus récent porte la date du 1ᵉʳ décembre 1872, suivent une tout autre voie et s'expriment en tout autres termes.

En tête se trouve placé cet avis significatif : *Ce tarif annule les précédents.*

Ils parlent d'une *création toute récente* de mines mobiles, sans désigner en quelle matière elles sont fabriquées.

Ils ne disent plus, comme les premiers, que, sous le nom de mine mobile, **on devra comprendre** *les nouveaux crayons en graphite de Sibérie pour lesquels on a adopté ce nouveau mode.*

Ils n'éveillent en rien l'attention, ils ne donnent aucune explication.

Loin de là, ils confondent dans une même nomenclature et les produits en graphite de Sibérie et les produits en graphite ordinaire.

Voici du reste l'équivoque disposition à laquelle on a recours :

« **Crayons à mine mobile en graphite de Sibérie** *hexagones,*
» vernis naturel-or. (Des lettres alphabétiques indiquent les degrés de dureté.)
» **Étuis garnis de 6 mines extra-fines en graphite de Sibérie.**
» **Crayons à mine mobile,** *hexagones,* palissandre-or, Nᵒˢ 1, 2, 3, 4, 5.
» **Mines extra-fines,** Nᵒˢ 1 à 5, en étuis de 1/4, 1/2 ou une grosse.
» **Étuis de 12 mines extra-fines,** Nᵒˢ 1, 2, 3, 4, 5.
» **Étuis de 6 mines extra-fines,** Nᵒˢ 1, 2, 3, 4, 5. »

Seuls, les crayons à mine mobile *hexagones* et les étuis avec 6 mines **extra-fines,** *les premiers cités,* sont réellement en **graphite de Sibérie.**

Les autres crayons à mine mobile, également *hexagones,*

et les trois sortes d'étuis avec différents nombres de mines, également nommées **extra-fines**, sont en **graphite ordinaire**.

Pas une seule observation, pas un filet, pas une ligne de blanc, pas le moindre indice n'explique que les crayons et les mines qui suivent sont faits d'une autre matière que le graphite de Sibérie ([1]).

La troisième page du prix courant porte en tête l'inscription **Nouveaux crayons A. W. FABER, à mine mobile**, POUR DESSIN, ARCHITECTURE, BUREAUX, ETC., et donne les types de *cinq* modèles de crayons à mine mobile et d'*un* étui contenant six mines de réserve pour ces crayons.

Le *premier* modèle porte l'inscription : **A. W. FABER, manufacturier**, telle qu'elle se trouve marquée sur un des côtés des crayons en graphite de Sibérie, et ne laisse rien voir de l'inscription **graphite de Sibérie de la mine Alibert**, qu'il eût été pourtant plus naturel et surtout plus logique de mettre en évidence.

Une inscription, dont l'acheteur ne peut, qu'avec une extrême attention, saisir la légère différence, est gravée sur les *quatre* autres modèles et sur l'étui *qui ne contiennent que des mines ordinaires :* au lieu de **A. W. FABER, manufacturier**, c'est simplement le nom **A. W. FABER** qu'on y lit.

Huit autres pages reproduisent *vingt-sept* modèles de **nouveaux portemines A. W. FABER, à mine mobile**, POUR PORTEFEUILLES.

Dans ces *vingt-sept* divers types de **portemines**, plusieurs sont cotés à **78** fr., **96** fr., et même **120** francs *la douzaine*.

D'après leurs prix élevés, l'acheteur suppose naturellement

______

([1]) Sur l'exemplaire original du prix courant joint à ces notes, on a disposé au *crayon bleu* et au *crayon rouge* des inscriptions et des lignes qui rendent les indications plus claires et plus précises.

La couleur *bleue* indique les crayons réellement en **graphite de Sibérie**.

La couleur *rouge* indique les crayons dans lesquels il n'entre rien de ce minéral.

que tous ces portemines contiennent des mines de la qualité *la plus supérieure*, c'est-à-dire en graphite de Sibérie.

Il doit d'autant plus en être ainsi que l'inscription placée en tête de la première page contenant ces modèles dit :

« Les mines sont de la **meilleure qualité**. »

Il n'en est rien.

Ces portemines sont livrés à l'acheteur munis de mines en *graphite ordinaire* (¹).

J.-P. ALIBERT.

(¹) **M.** Alibert s'en est assuré lui-même le 27 décembre 1872, en achetant pour son propre compte, au dépôt de Paris, un de ces portemines.

Sur l'observation que les mines n'étaient point en *graphite de Sibérie*, le commis de la vente lui a répondu que pour ces portemines il n'existait que des mines en *graphite ordinaire*.

Sur cette question : « En est-il de même des crayons à mine mobile, à monture de luxe, placés dans la même vitrine avec les crayons en graphite de Sibérie ? »
Le commis a répondu affirmativement.

Toutefois, il a ajouté qu'on les remplacerait par des mines en graphite de Sibérie « si un client en exprimait le désir. »
Comment veut-on qu'on exprime ce désir ?

Personne ne met en doute que la Maison Faber fabrique tous ses produits avec le graphite de Sibérie, dont elle prône tant la *supériorité* et dont elle fait tant valoir le *monopole*.

On a la conviction que « les différentes qualités et les différents prix » sont la conséquence non de la différence d'origine de la matière première, mais uniquement de son plus ou moins de pureté.

Aux termes mêmes des *prix courants* de M. Faber, la *meilleure qualité* est le graphite de Sibérie.

Donc, on croit d'autant plus acheter du graphite de Sibérie, que rien n'indique que la Maison Faber emploie une autre matière.

Tout contribue à accréditer l'erreur.

Ainsi, même dans les vitrines extérieures du nouveau magasin de vente au détail, boulevard des Italiens, à Paris, on a groupé, non loin des trophées en graphite de Sibérie, les portemines et les crayons à mine mobile exceptionnels, qui ne contiennent cependant que des mines en graphite ordinaire.

En présence de cette mise en scène, qui pourrait supposer que ces trophées et ces portemines, rapprochés ainsi l'un de l'autre, n'ont rien de commun ?

Qui soupçonnerait que ces portemines ne contiennent pas une parcelle du minerai dont les spécimens sont exposés à côté d'eux ?

Résumons :

Les prix courants de la Maison A. W. Faber commencent par mettre en avant les crayons et les mines en graphite de Sibérie.

Après cela, il n'est plus question de celles-ci.

On ne parle plus que de mines **extra-fines** et de mines de la **meilleure qualité**, sans que rien puisse éveiller l'attention de l'acheteur et lui indiquer que ces mines **extra-fines** et de la **meilleure qualité** n'ont rien de commun avec le graphite de Sibérie.

M. Jouhet avait-il donc si grand tort de dire :

« Le **prestige** et la **supériorité des crayons en graphite de** » **Sibérie** semblent même avoir été employés à **favoriser la vente des** » **autres crayons.** » ?

J.-P. A.

HISTOIRE RÉSUMÉE

DU

GRAPHITE DE SIBÉRIE

§ I.

En 1847, M. Alibert découvrit sur le mont Batougol, dans la Sibérie orientale, une mine de graphite vierge.

Il partit immédiatement pour l'Europe.

Là, il se convainquit, en s'appuyant sur l'opinion des négociants spéciaux, et sur l'examen des chimistes les plus autorisés d'Angleterre et de France, que ce graphite, amorphe et d'une pureté à peu près absolue, pouvait seul remplacer, dans l'industrie des crayons, les produits uniques et sans rivaux de la célèbre mine anglaise de Cumberland, épuisée par une exploitation de trois siècles.

Revenu en Sibérie, il entreprit l'exploitation de la mine.

Pour arriver à la découverte du véritable gisement, il fallut huit ans de travaux, pénibles, difficiles, persévérants, et de luttes contre un climat rigoureux sur une montagne de granit.

En 1856, l'extraction et l'exploitation se trouvant sérieusement organisées et assurées, M. Alibert revint en Europe et conclut pour l'exploitation industrielle de son graphite vierge, un traité avec la Maison Faber, de Stein, déjà bien connue pour la fabrication des crayons.

M. Alibert assurait le monopole de ce graphite à la Maison

Faber, et il lui en garantissait, dans l'espace de *cinq ans*, la fourniture de cent mille livres pesant, qui, au taux du prix arrêté dans le traité, représentait plus d'*un million de francs.*

De son côté, entre autres conditions, la Maison Faber s'engageait à dépenser *cent cinquante mille francs* pour établir une fabrique spéciale qui pût produire une immense quantité de crayons en graphite de Sibérie.

De plus, elle autorisait M. Alibert, dans le cas où l'exploitation produirait davantage, à lui envoyer, fût-ce même dans l'espace de *deux* ou *trois ans*, une quantité de graphite représentant une valeur de *dix millions de francs.*

On le voit, l'affaire donnait aux deux parties contractantes de mutuelles et satisfaisantes garanties.

D'une part, les produits de la mine de Batougol devenaient le monopole de la Maison Faber, dans les conditions de production qu'elle demandait.

D'autre part, M. Alibert, fort des engagements de la Maison Faber, n'avait qu'à marcher avec une sécurité absolue.

Cette Maison ne s'obligeait-elle pas à dépenser une somme considérable pour lancer en grand l'affaire? Ne demandait-elle pas de recevoir, même dans l'espace de deux années, une quantité de graphite dont les seuls frais de transport représentaient une avance de trois cent à quatre cent mille francs?

Au prix de dépenses considérables et sans aucune coopération financière de la Maison Faber pour l'exploitation de la mine, M. Alibert remplit donc avec scrupule ses engagements.

Non-seulement il livra à la Maison Faber la quantité fixée de graphite qu'il s'était engagé à fournir, mais encore il la dépassa.

Pendant que M. Alibert se donnait tout entier à surmonter les rudes difficultés de son exploitation, la Maison Faber l'entretenait dans l'idée qu'elle aussi remplissait les obligations que lui prescrivait le traité, et, par ses demandes réitérées, accélérait l'envoi du graphite.

§ II.

En 1861, après avoir expédié ses dernières livraisons de graphite, M. Alibert revint en Europe.

Voici ce qui s'était passé en son absence :

L'exploitation industrielle du graphite de Sibérie, dont les usines de Stein se trouvaient abondamment pourvues dès 1857, avait été complétement négligée.

Loin de remplir ses engagements, et même le plus important de tous, l'installation du système anglais de compression, la Maison Faber ne se préoccupait que de sa fabrication de crayons avec le graphite ordinaire.

Elle était amenée pour ainsi dire involontairement à le faire, par la grande popularité du graphite de Sibérie qui se reflétait indistinctement sur tous les produits de l'usine de Stein.

C'est ainsi que, en 1859, ayant inventé un nouveau système de crayons, dits à mine mobile, elle l'annonçait au public en faisant observer qu'*on devrait comprendre ces nouveaux crayons comme étant faits en graphite de Sibérie*.

Mais c'est également ainsi que depuis *six ans* qu'elle tenait dans ses mains le graphite de Sibérie, et que depuis *trois ans* qu'elle fabriquait des mines mobiles, tandis que les mines en graphite ordinaires se vendaient en nombre considérable, elle n'avait pas encore vendu *cent grosses* de crayons, et *pas une seule grosse* de mines mobiles en graphite de Sibérie.

En un mot, la Maison Faber exploitait la renommée et le prestige du graphite de Sibérie, mais elle en livrait le moins possible à la consommation.

§ III.

Que faire, en face d'une pareille situation ?

M. Alibert ne pouvait rentrer qu'à des conditions exorbitantes et inacceptables, en possession du graphite envoyé du fond de la Sibérie et emmagasiné depuis des années par la Maison de Stein.

Celle-ci, d'ailleurs, s'était approprié, et sans qu'on pût les lui ôter désormais, le prestige et le renom du minéral sibérien.

Il ne restait donc à M. Alibert que deux partis à prendre, et il les prit résolûment à la fois.

Il s'occupa, dans la prévision d'une lutte possible, de réunir les preuves, trop incontestables, de la manière de faire de la Maison Faber.

Mais avant tout, ne pouvant croire que cette Maison se refuserait à l'évidence, reculerait devant son propre succès, et ne reviendrait pas sur certaines concessions désastreuses, arrachées à l'inventeur du graphite sibérien, il travailla à replacer l'affaire dans sa position normale, c'est-à-dire à lui donner une impulsion commerciale contre laquelle ne pourraient rien désormais les moyens qui, jusque-là, l'avait neutralisée.

En dehors de la Maison Faber il consacra à cette dernière œuvre tous ses efforts, tous ses travaux, tout son temps, toute son intelligence, et il ne recula pas devant des sacrifices considérables d'argent.

Il fit figurer le graphite de Sibérie aux Expositions de Londres et de Paris, où il obtint toutes les médailles de première classe.

Il fit don aux principaux Musées de l'Europe de collections d'une grande valeur.

Il établit de nombreux trophées en graphite, dans les magasins spéciaux les plus achalandés de Paris et des principales villes de l'Europe.

Il recourut à tous les moyens de publicité.

Ces Expositions, ces collections, ces trophées, et ces frais de publicité, sans compter la valeur intrinsèque du graphite mis en œuvre, ont coûté à M. Alibert plus de cinquante mille francs.

La Maison Faber, quoique s'étant engagée à dépenser cent

cinquante mille francs pour établir et propager l'affaire, n'a rien remboursé à M. Alibert.

§ IV.

Tant d'efforts et de sacrifices ne pouvaient manquer de porter leurs fruits.

Il résulte d'une lettre de M. Faber, en date du 12 mars 1873, contenant le résumé annuel des ventes faites dans tous les pays, qu'en 1872 il a été vendu 3,410 grosses de crayons.

C'est *plus du double* de la vente faite par la Maison Faber durant les *dix* premières années de l'exploitation.

Les résultats, couronnés d'un succès si peu contestable, des efforts et des sacrifices de M. Alibert, viennent malheureusement se briser contre les combinaisons commerciales de la Maison Faber.

Ils profitent à elle seule.

Elle s'est arrangée de manière, non-seulement à ne pas donner de bénéfices à M. Alibert, mais encore à ne pas même lui payer les intérêts de l'argent qu'il a dépensé pour l'exploitation du graphite extrait de la mine uniquement pour elle et qu'elle détient à peu près inactif dans ses caves.

Divers documents, réunis par M. Alibert sous ce titre : *Observations soumises à M. Jean-Lothaire Faber, à propos de son traité avec M. Alibert, relatif au graphite de Sibérie,* expliquent comment il se fait qu'il en soit ainsi.

J.-P. ALIBERT.

1er Mai 1873.

Imp. Vᵉ Éthiou-Pérou, rue Damiette, 2 et 4.